死ってなんだろう。死はすべての終わりなの？

フランソワーズ・ダステュール **文**
アンネ・ヘムステッヘ **絵**
伏見　操 **訳**

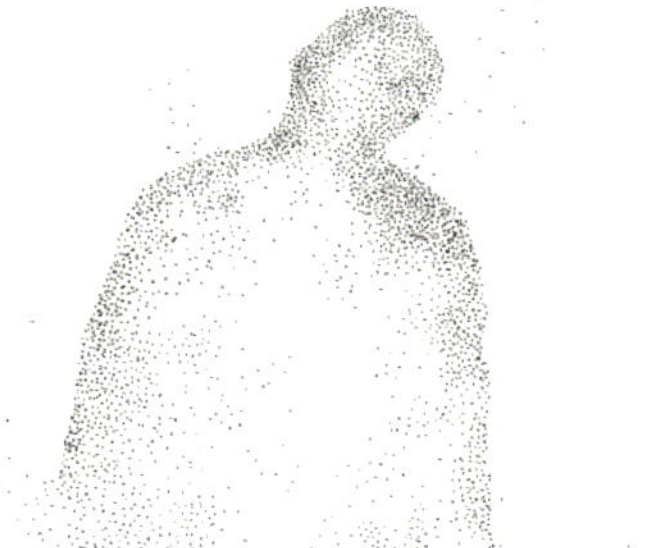

岩崎書店

もくじ

⑤

死のほんとうの顔

／55

Chouette penser !：POURQUOI LA MORT?

text by Françoise Dastur
illustrated by Anne Hemstege
Originally published in France under the title
Chouette penser !：Pourquoi la mort?
by Gallimard Jeunesse

Japanese translation rights arranged with Gallimard Jeunesse, Paris
through Motovun Co. Ltd., Tokyo
Japanese edition published
by IWASAKI Publishing Co., Ltd., Tokyo

Printed in Japan

死ってなんだろう。死はすべての終わりなの？

哲学

なんとも居心地《いごこち》の悪い質問《しつもん》

「どうして人は死ぬの？」

これは、子どもがする質問《しつもん》のなかで、まちがいなく大人にとっていちばん居心地《いごこち》の悪いものだろう。若者《わかもの》から老人まで、だれも「死」について話したがらない。なぜならそれは、苦しみや悲しみをすぐに思いおこさせるから。

ところが、テレビやラジオのニュースには、さまざまな死があふれている。病気で、事故《じこ》で、自然災害《さいがい》で、テロで、戦争で――毎日、あらゆる世代の人が世界のあちこちで亡《な》くなっている。映画《えいが》やテレビドラマでも、死につながる事《じ》故《こ》や殺人、人が苦しむシーンは多い。

ニュースをとおして伝えられる死は、映画やドラマとはちがって現実《げんじつ》であり、ひどく心をゆさぶられる。しかしそれは、自分がじっさいに知っている人や愛している人の死とはまったくべつのものだ。

わたしたちが死について深く考えるのは、大切な人、愛する人と死に別れるときだ。旅行や引っこしなど、またいつか会える可能性《かのうせい》のある、一時的な別れではなく、もう二

度と会うことのできない、決定的な別れ。それを想像《そうぞう》すると、わたしたちはたまらなく怖《こわ》くなる。本能的《ほんのうてき》に拒否反応《きょひはんのう》を起こし、べつのことを考え、頭から追いだそうとする。

子どもが死についてたずねたときの、大人の反応がまさにこれだ。そんな暗いことを考えるのはやめて、もっと楽しいことに興味《きょうみ》をむけなさいというのだ。そして大人自身も、できるだけ「死」について考えたり、話したりすることを避《さ》ける。まるでそれが社会的に**タブー**とされているかのように。

フランスの偉大《いだい》な思想家**パスカル**によると、人間は死を

タブー
理由はどうあれ、口にしたり、おこなったりしてはならないとされること。ポリネシア語からきた言葉。

パスカル
（1623年～1662年）フランスの哲学者《てつがくしゃ》、数学者。さまざまな分野で才能《さいのう》を発揮《はっき》した。確率論《かくりつろん》、計算機の考案が有名。「人間は考える葦《あし》である」などの名文句《めいもんく》がのっている著作《ちょさく》『パンセ』は、未完成の遺稿《いこう》をまとめたもの。

はじめとする、人生の不都合なこと、つらいことをわすれようとして、さまざまな行動をとる。パスカルはこれを「気ばらし」とよんだ。

現代《げんだい》社会において、人々は何か楽しいことへと目をそらし、死をわすれる。そして成功や幸福を第一に考える。この傾向《けいこう》は田舎《いなか》よりも都市に住む人に多い。田舎では、野生動物や家畜《かちく》をとおして、じっさいに死に接《せっ》する機会が多いからだろう。

死ぬべき運命にあるのは、人間だけではない。ありとあらゆる生き物が、いつかかならず、死をむかえる。動物が

【気ばらし】

死、不幸、無知から、人は逃《のが》れることができない。だから幸せでいるために、それらをまったく考えないようにする。

パスカル

そのことを知っているかどうか、直接《ちょくせつ》たずねることができないのでわからないけれど、必死で生き残ろうとする野生動物の姿《すがた》は、彼《かれ》らが死について何かを理解《りかい》していることを物語っている。だが、それはわたしたち人間とはちがった理解のしかただろう。**人間は未来を予想できるからこそ、いずれ自分におとずれる死について考えてしまうのだ。**

その証拠《しょうこ》が、すでにギルガメッシュ**叙事詩**《じょじし》の中にも見られる。ギルガメッシュ叙事詩は人類最古の文学のひとつで、書かれたのは紀元前二千年ごろ。聖書《せいしょ》よりもはるかに前だ。

主人公はギルガメッシュ。古代メソポタミアの都市ウル

叙事詩《じょじし》
古い神話や歴史物語が長編《ちょうへん》の詩に書かれたもの。

クの伝説的な王だ。ギルガメッシュは神に近い存在《そんざい》で、死を知らなかった。ところが、親友である野人《やじん》エンキドゥの死に接《せっ》して、いつか自分も同じ運命をたどるのではないかと恐《おそ》れるようになる。そして永遠《えいえん》の命を手に入れるために、長く危険《きけん》な旅にでる。だが、旅のとちゅうで知り合った女性《じょせい》がギルガメッシュに、いくらさがしても永遠の命は手に入らないことを伝える。ギルガメッシュはそれでも不死の薬を必死でさがすが、見つからず、とうとう自分も、ほかのすべての人々と同じように、死ぬべき運命であることをうけ入れる。

この物語でおもしろいのは、ギルガメッシュが自分もいつか死ぬことに気づくのは、エンキドゥへの友情《ゆうじょう》をとおしてだったということだ。大切な友達の死を目にしたからこそ、ギルガメッシュは自分が不死であるという妄想《もうそう》から目を覚ます。

わたしたちは、「死を経験《けいけん》する」ことはできない。なぜなら、古代ギリシャの哲学者《てつがくしゃ》**エピクロス**が言うように、わたしたちが生きているかぎり、死は存在《そんざい》しないし、死が存在するときは、わたしたちはもう生きていないからだ。

自分の死を経験することは、だれにとっても不可能《ふかのう》だ。

エピクロス
（紀元前３４１年ごろ～紀元前２７０年ごろ）
古代ギリシャの哲学者《てつがくしゃ》。「死」とは、生き物が、ばらばらの何も感じない原子にもどることだと考えていた。庭園に人を集め、学園をひらいたので、「庭の哲学者」ともよばれる。

さまざまな不幸の中で
もっとも恐《おそ》ろしいのは、「死」である。
だが「死」は、わたしたちにまったくかかわりがない。
なぜならわたしたちが生きているあいだは、
死は存在《そんざい》しないし、
死が存在したときは、
わたしたちはもう存在していないからだ。

エピクロス

わたしたちは、ほかの人の死——とくに大切な人の死をとおしてしか、死を体験できない。愛する人と死に別れる苦しみをとおして、わたしたちは自分もいつか死ぬ運命にあることを意識《いしき》するのだ。

2 どうして死者のために墓《はか》をつくるのか？

人間と動物の最大のちがいは、道具を使うことでも、言葉をしゃべることでもなく、死者を葬《ほうむ》ることだろう。動物は、自分の子やパートナーの死体を前にしたとき、あるていどの感情《かんじょう》はしめしても、やがて死体を残して去っていく。しかし人間は、はるか昔から死者を葬り、墓《はか》をつくってきた。死を悼《いた》む儀式《ぎしき》をすることこそ、人間のいちばんの特徴《とくちょう》なのだ。

死者を葬《ほうむ》る方法は、文明によりさまざまだ。フランスでは最近まで、死者を土葬《どそう》にしてきた。でも今日《こんにち》、火葬をえらぶ人がずいぶん増《ふ》えている。一方、ヒンドゥー教徒は、はるか昔から、死者を火葬にしてきた。エジプト人たちは、かつて王の墓《はか》として、巨大《きょだい》なピラミッドを建設《けんせつ》した。王の遺体《いたい》はミイラにされ、ピラミッドにおさめられた。

つまり人間は、動物とは反対に、命あるものはすべていつか死ぬという自然の法則《ほうそく》にあらがって、死者とのつながりをもちつづけようとする。だからこそ墓をつくったり、

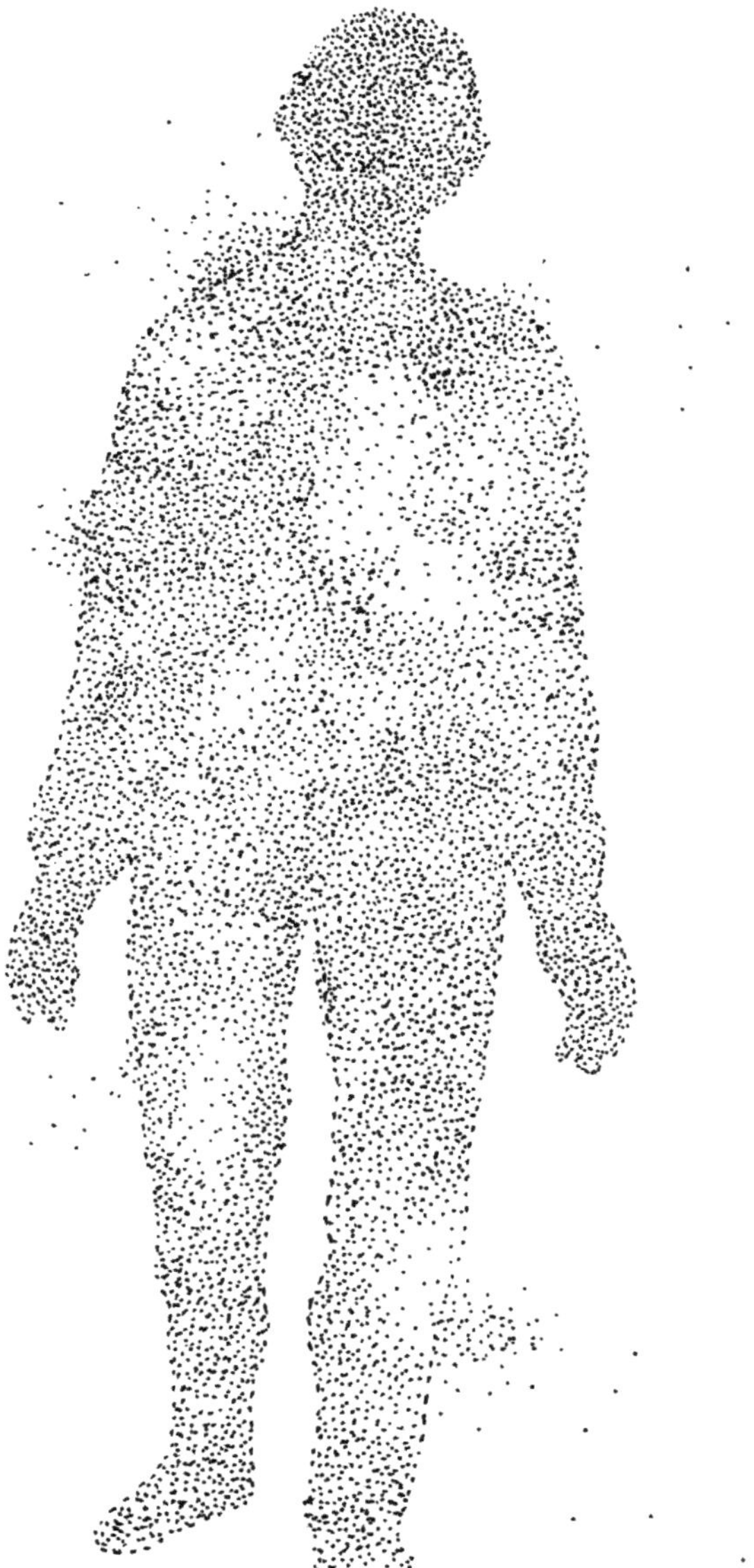

遺灰《いはい》をいれたつぼを大切にとっておいたりする。死者を葬《ほうむ》る儀式《ぎしき》や葬式《そうしき》の目的は、肉体的にはいなくなってしまった死者とのつながりを生者がもちつづけることにあるのだ。

たしかにわたしたちは、死んでしまった人たちと直接話《ちょくせつ》すことはできない。でも、心の中で話しかけ、彼《かれ》らと心でつながりつづけることはできる。かけがえのない人を失っても、記憶《きおく》の中にその人のための場所をもちつづけることは可能《かのう》だ。そうやって、大切な人を失った悲しみとむきあっていくのだ。

人間はだれしも、ほかの多くの人たちといっしょに社会でくらしている。社会に存在《そんざい》する「共通の記憶《きおく》」が、そこにくらす、ひとりひとりをむすびつけている。なぜならわたしたちは、同じ時代を生きる人々とだけ生きているのではないからだ。過去《かこ》の時代に生き、さまざまな知識《ちしき》を残してくれた死者ともいっしょに生きているのだ。

人間の文化とは、世代から世代へと伝えられる、知識や技術《ぎじゅつ》のこと。それは社会の共通の記憶であり、財産《ざいさん》だ。前の世代からうけつぎ、つぎの世代にわたすもの。人が経験《けいけん》したことのうちで、当人が死んだあともずっと残り、あとの世代の役に立つものだ。

古代文明では、祖先《そせん》も神とならんで敬《うやま》われ、信仰《しんこう》の対象だった。わたしたち人間は、生者とだけでなく、死者ともいっしょにくらしているのだ。これこそが人間と動物のはっきりしたちがいだ。

死を悼《いた》むということは、死をうけ入れることであり、同時に拒否《きょひ》することでもある。うけ入れるとは、死んだ人とはもう会うことも、声を聞くことも、ふれることもできないのを認《みと》めること。死者と生きたつながりをもつことはできないのだ。でも、わたしたちは思い出をとおして、死者と心のつながりをもち続けることができる。それは死を拒《こば》

オーギュスト・コント
（1798年〜1857年）
フランスの哲学者《てつがくしゃ》。それまでの神学や哲学を中身がないものと批判《ひはん》して、「実証主義《じっしょうしゅぎ》」を説いた。後に、実証主義にもとづく新しい宗教《しゅうきょう》（人類教）をつくった。彼《かれ》のスローガン「秩序《ちつじょ》と進歩」は、現在《げんざい》のブラジルの国旗に記されている。

人類をかたちづくるのは、
生者よりも死者だ。

オーギュスト・コント

むことでもあるのだ。

古代社会では、死者は目には見えない死後の世界にくらしていて、生きている者の生活に絶《た》えずかかわってくると考えられていた。生者と死者の区別は、現代《げんだい》社会よりもずっとあいまいだった。

死者や目に見えないものとつながって、生者と死者がともにくらす社会は、現代でもまだ存在《そんざい》してはいるものの、どんどん消えつつある。なぜなら地球のあらゆる場所で、近代的な生活がたいへんな勢《いきお》いで広がっていっているからだ。

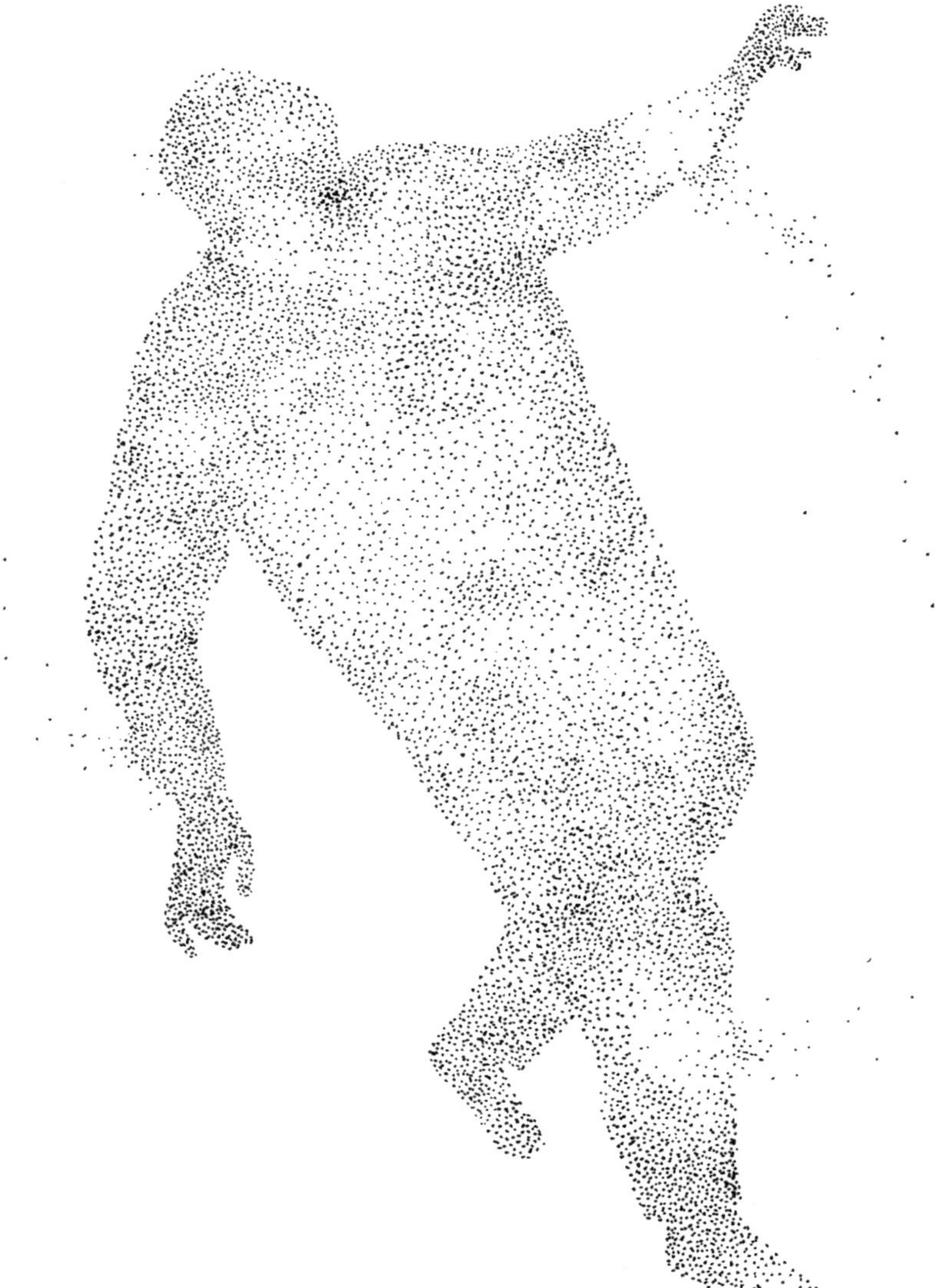

わたしたち現代人《げんだいじん》は、じっさいに見たり、さわったりできるもの以外は、存在《そんざい》していると思わない。だからこういった、日常的《にちじょうてき》に死者や目に見えないものとかかわりをもってくらす人々の考え方を理解《りかい》するのはかんたんではない。

しかし現代人であるわたしたちも、死者との関係はもちつづけている。人間は記憶《きおく》することができるから、わたしたちが覚えているかぎり、亡《な》くなった人たちは思い出をとおして生きつづけるのだ。

死後の世界はあるか？

3

古代の社会では、死は生の一部と考えられていた。東洋には、現在《げんざい》でも輪廻転生《りんねてんせい》――死者の魂《たましい》は死後、べつの体に宿り、新たに生まれかわること――を信じる人たちがいる。死によって人は消えてなくなるのではなく、死者の魂はべつの体に宿り、新しい命を得る。そしてそれがぐるぐると永遠《えいえん》にくりかえされる。つまり死は、新たな生の幕明《まくあ》けなのだ。そう信じることで、人は死に意味をあたえられる。死が「無」ではなくなるのだ。

　生まれかわりを信じれば、死はすべての終わりではなく、ひとつの通過点《つうかてん》になる。死後も、ふたたびべつのかたちでこの世に生きられると思うことによって、死が絶対的《ぜったいてき》でなくなるのだ。

　一方、古代ギリシャ人は、死後の世界について、まったくちがった考えをもっていた。叙事詩《じょじし》『**オデュッセイア**』の中で、英雄《えいゆう》**アキレウス**はオデュッセウスに、地下にある黄泉《よみ》の国で王になるより、この世でみじめな奴隷《どれい》として生

オデュッセイア
紀元前8世紀ごろの詩人、ホメーロスによってつくられたとされる長編叙事詩《ちょうへんじょじし》。ギリシャの島イタケーの王オデュッセウスがトロイア戦争を終えて国に帰る旅を語ったもの。叙事詩『イーリアス』の続編となる。

アキレウス
ギリシャ神話に登場する英雄《えいゆう》で、トロイア戦争について書かれた叙事詩《じょじし》『イーリアス』の主人公。

きるほうがましだと語っているが、古代ギリシャ人は「あの世」が暗く悲しい影《かげ》の国で、この世よりずっとよくない世界だと考えていた。

しかし、キリスト教文化をもつ国では、これとはまったくちがった考え方をする。天国とは新たな命をあたえられる、復活《ふっかつ》の場所。神によって約束された永遠《えいえん》の命を謳歌《おうか》する場所なのだ。だからキリスト教徒にとって、地上での生は仮《かり》のもの。本物の生である、永遠の命は、天上であたえられる。この世の終わりに神の審判《しんぱん》があり、これまでのおこないのつけをはらわなくてはならないと、**福音書**《ふくいんしょ》には記

福音書《ふくいんしょ》
新約聖書《しんやくせいしょ》におさめられた、イエス・キリストの行動や言葉を伝える文書。マタイ、マルコ、ルカ、ヨハネの四人の報告者《ほうこくしゃ》による四つの福音書がある。

されている。この世できちんと正しいおこないをして、罪《つみ》をつぐなう生活を送れば、神の御許《みもと》、天国へ行けるのだ。

そう考えると、聖書《せいしょ》の中の「神は死者のためではなく、生者のためにある」というキリストの言葉も理解《りかい》できる。キリストは弟子《でし》のひとりに、何より大切なのは死ではなく、死後にあたえられる永遠《えいえん》の命なのだと教えている。

イエス・キリストは十字架《じゅうじか》にかけられたとき、ごくふつうの人間と同じように、死の苦しみと絶望《ぜつぼう》を味わった。しかしキリストは、その三日後に復活《ふっかつ》したことによって、死に完全に打ち勝った。キリスト教徒は、十字架にかけられたイエス・キリストに、神の姿《すがた》を見る。死に自分のすべてをささげることで、キリストは死を克服《こくふく》した。死ぬことにより、キリストは復活《ふっかつ》のよろこびを得たのだから。

そのため、キリスト教では、人間にとって死とは何かということをきちんと理解《りかい》しながらも、死を絶対的《ぜったいてき》なものとは考えない。なぜなら死は、一時的なもの。本物の生である、永遠《えいえん》の命を手に入れるための試練にすぎないからである。そしてこう考えることで、キリスト教徒は「死」という運命の悲劇《ひげき》がもたらす苦しみから逃《のが》れることができるのだ。

死後の命が本当にあるかどうかは、わたしたちには知りようがない。

さっき、わたしは死を「悲劇《ひげき》」という言葉で表現《ひょうげん》した。それは、古代ギリシャには、哲学《てつがく》が生まれる前からギリシャ悲劇が存在《そんざい》し、そこで語られるのはまさに、過酷《かこく》で得体《えたい》が知れず、けっして逃《のが》れることのできない運命――「死」とのたたかいだからだ。

ギリシャ悲劇の最高傑作《けっさく》のひとつに、**ソポクレス**の『アンティゴネ』がある。『アンティゴネ』には、人間とは何かということが、じつに的確《てきかく》にえがかれている。人間は、

ソポクレス
（紀元前４９６年ごろ～紀元前４０６年ごろ）
古代ギリシャの三大悲劇《ひげき》詩人のひとり。テーバイの王オイディプスが主人公の悲劇『オイディプス王』、オイディプスの娘《むすめ》アンティゴネが主人公の悲劇『アンティゴネ』の作者。

不思議なものは数あるけれど、
人間以上の不思議はない。（中略《ちゅうりゃく》）
何事がさしせまろうとも、身をまもる術《すべ》を考える。
だが、ただひとつ、死をのがれる術だけは、
どうしても見つけられない。
病なら、それがどんなに重くとも、
癒《いや》す手段《しゅだん》をさがせるのに。

ソポクレス

さまざまなものを、つぎつぎにつくりだすことのできる、すばらしい存在《そんざい》だ。しかし、何より肝心《かんじん》な、死への対処法《たいしょほう》だけはつくることができないのだ。

ソポクレスの作品にえがかれているのは、絶対《ぜったい》に死から逃《に》げられない人間の姿《すがた》だ。人間は死にたいして完全に無力だ。できるのは、ただ自分の人生に意味があるのかと、問い続けることだけ。だが、けっしてたしかな答えは得られない。その人間の姿こそ、まさに「**哲学**《てつがく》」そのものだ。哲学は「知恵《ちえ》」をもとめ続けるけれど、わたしたち人間がそれを完全に手に入れることはない。もしそれができたのな

哲学《てつがく》

哲学をあらわす英語philosophy《フィロソフィー》は、ギリシャ語で「愛する」を意味するphilein《フィレイン》と、「知恵《ちえ》」を意味するsophia《ソフィア》からきている。

ら、人間ではなく、神になってしまうから。

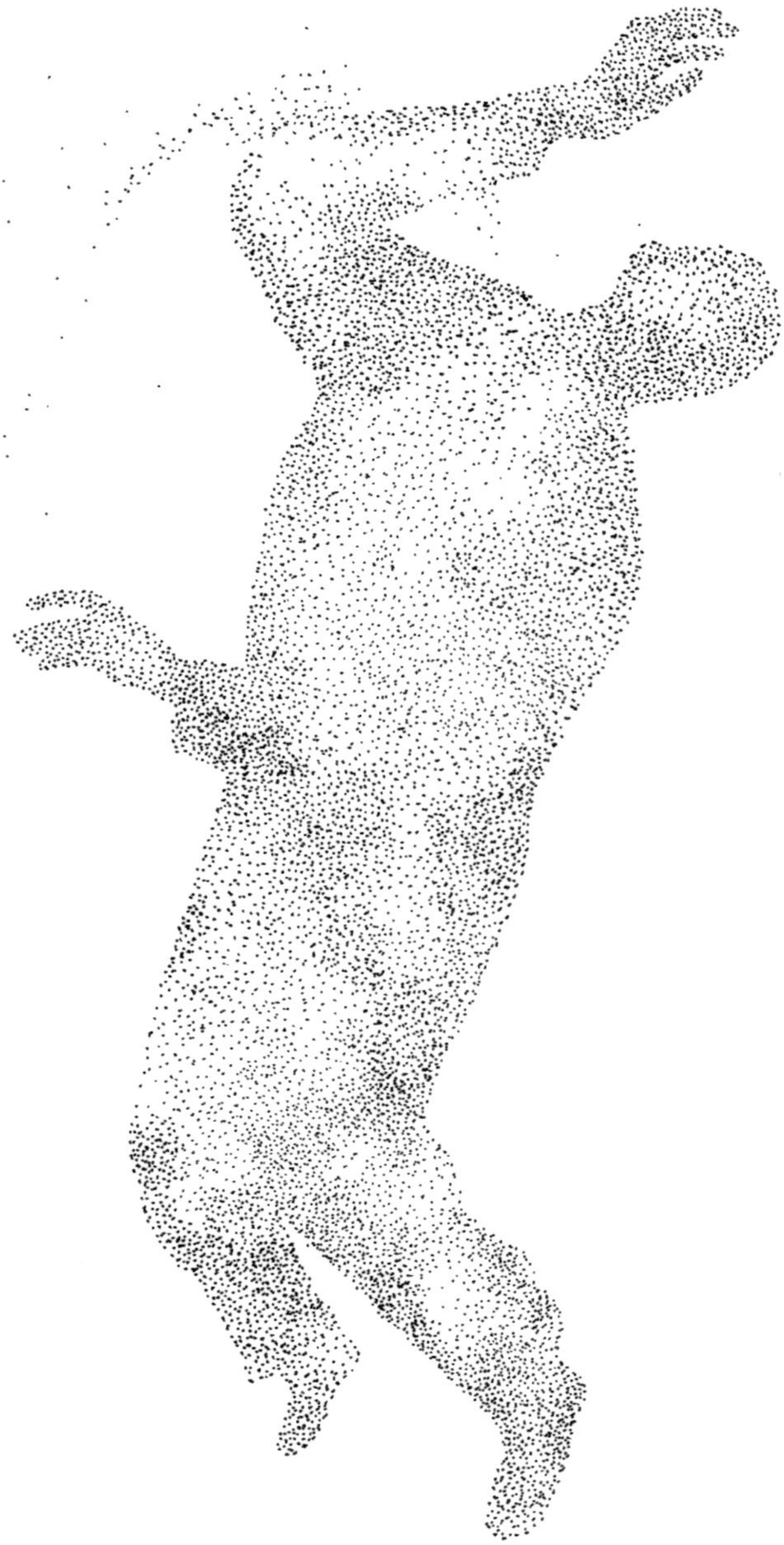

4

いつか必ず自分は死ぬという考えに、人は慣《な》れることができるのか？

キリスト教をはじめとするさまざまな宗教《しゅうきょう》が、死によってすべてが終わってしまうとは考えない。ところが哲学《てつがく》は、人間が死をむかえ入れる準備《じゅんび》をすることを目的とする。

プラトンは『パイドン』という著書《ちょしょ》に、無実の罪《つみ》で自殺を命じられた師《し》ソクラテスが、逃亡《とうぼう》のすすめをことわり、

プラトン
（紀元前４２７年ごろ〜紀元前３４８年ごろ）
古代ギリシャの哲学者《てつがくしゃ》。師《し》ソクラテスを主人公にした対話形式の著書《ちょしょ》を残している。「国を治める者は哲学者でなければならない」と説いた。

毒薬を飲むまでのあいだに友人と交《か》わした対話を書きとめた。

『パイドン』にえがかれた**ソクラテス**は、自分の肉体が死んだあと、魂《たましい》が永遠《えいえん》に存在《そんざい》し続けるかどうかはわからないとしながらも、死を恐《おそ》れてはいない。それがソクラテスの独特《どくとく》さであり、ほかの人とちがうところだ。彼《かれ》にとって大切なのは、肉体が生きることではなく、思考が生きることなのだ。

じっさい、筆者自身も、さまざまなことに思いをはせているとき、肉体はいろいろなものにかこまれて、そのまま

ソクラテス
（紀元前４７０年ごろ～紀元前３９９年ごろ）
古代ギリシャの哲学者《てつがくしゃ》。人々とじかに対話することを第一とし、自分ではいっさい著作《ちょさく》を残していない。彼《かれ》を敵視《てきし》する者の謀略《ぼうりゃく》により、「青年を堕落《だらく》させている」とされ裁判《さいばん》にかけられ、判決《はんけつ》で自殺を命じられた。『パイドン』は、逃亡《とうぼう》のすすめを断《ことわ》り毒薬を飲むまでのソクラテスが友人と交《か》わした対話を記している。

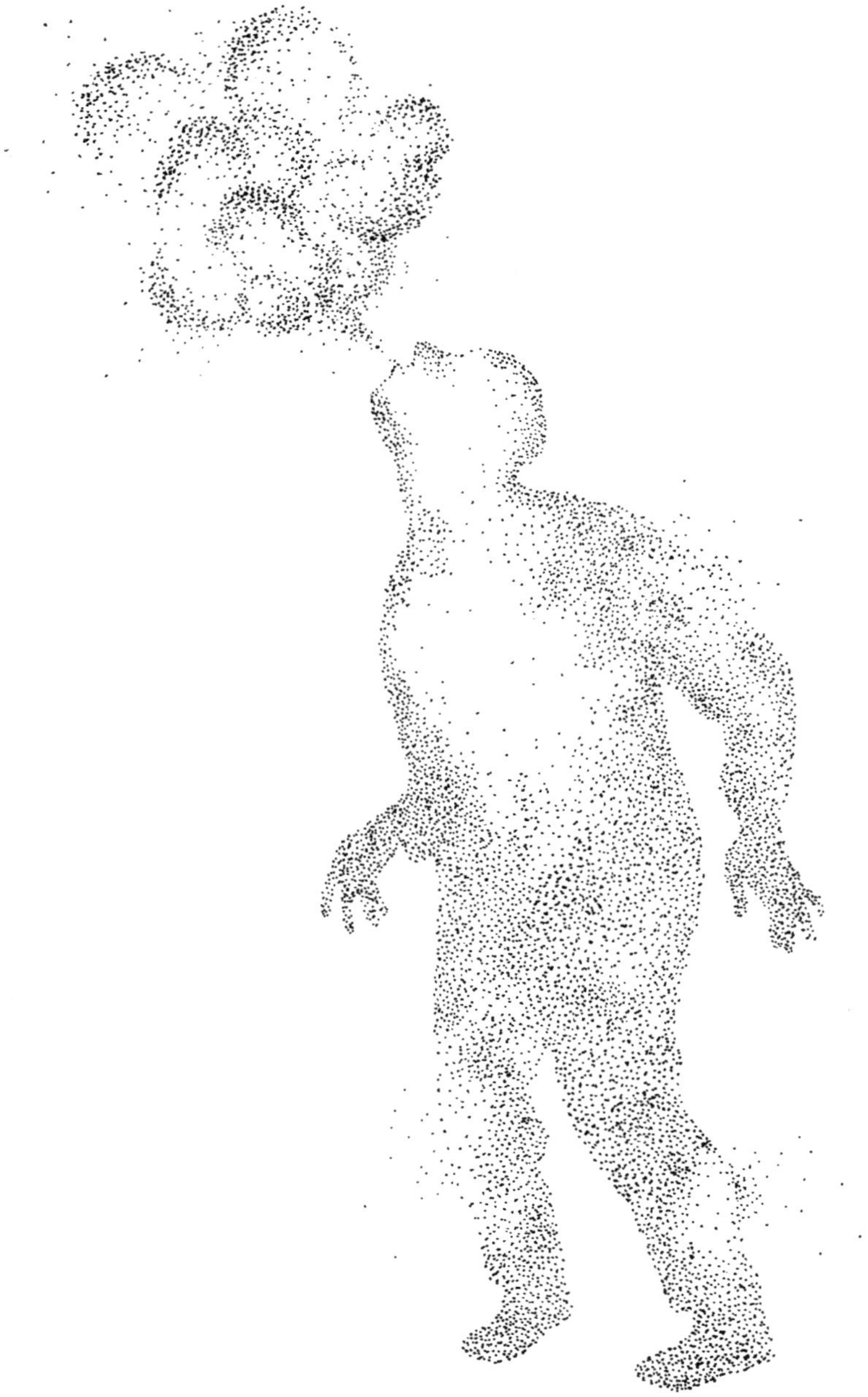

そこにありながらも、精神《せいしん》のほうは現実《げんじつ》から解《と》き放たれ、自由に動きまわっているように感じる。

そう考えると、はるかプラトンの時代からずっと、多くの哲学者《てつがくしゃ》が肉体を軽《かろ》んじ、精神を賛美《さんび》してきたことも、うなずける。深く考えることをとおして、哲学者は、目に見えたり、手でふれたりすることのできる世界を超《こ》えた、べつの世界に行くことができるのだ。

プラトンが何より恐《おそ》れるのは、死ではなく、肉体に執着《しゅうちゃく》して生きること。プラトンによれば、哲学者は**生涯《しょうがい》、肉体が死をむかえる訓練をしつづけなくてはならないのだ。**

真の哲学者《てつがくしゃ》は死ぬための練習をする。
だから、ほかの人たちよりも死を恐《おそ》れない。
これから言うことを参考に、きみも考えてみてほしい。
真の哲学者は肉体を軽蔑《けいべつ》する。
だったらその肉体に死がおとずれたときに、
怒《おこ》ったり、おびえたりするのは、ばかげてはいないだろうか。
哲学者は生涯《しょうがい》、肉体から精神《せいしん》が解《と》き放たれることを
願ってきた。だったら死後、ついにおとずれる魂《たましい》の自由を
よろこぶべきではないだろうか。

プラトン

魂《たましい》は不死であると、プラトンが言い切ったことはない。プラトンは哲学者《てつがくしゃ》であり、哲学者が何かを言い切ることはない。むしろ反対に、ずっと問いつづけるのだ。プラトンは説いた。人は魂が不死であると信じて生きたほうがいいと。もし魂が本当に不死であれば、わたしたちが信じていたことは正しかったことになるし、もしそうでなくても、身体がもとめるよろこびや心地《ここち》よさばかりにこだわらず、生きることができるから。

プラトンはわたしたちに、「死をこわがることはない。死後の世界があると、はっきり約束することはできないけ

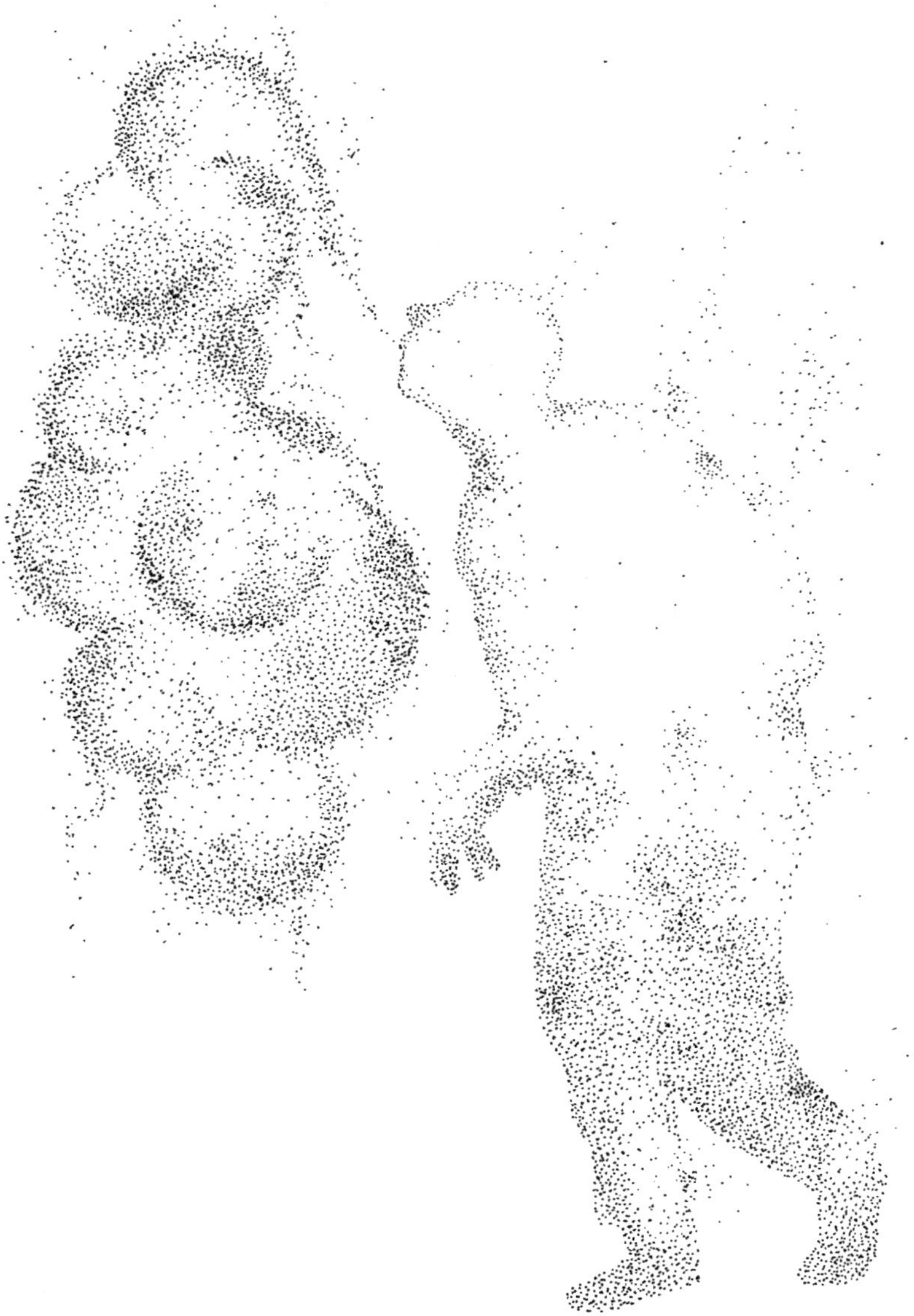

れど、いずれにしても、あると信じて生きたほうがいい。あなたたちにとって本当に危険《きけん》なのは、死ぬことよりも、肉体に重きをおいたまま、生きることなのだから」と伝えたかったのだろう。これこそがプラトン哲学《てつがく》の禁欲主義《きんよくしゅぎ》だ。

エピクロスも、哲学者は死を恐《おそ》れるべきではないと考えたひとりだ。わたしたちは死を経験《けいけん》することはできないのだから、死は現実《げんじつ》には存在《そんざい》しないと、エピクロスは説いた。

17世紀のオランダの哲学者**スピノザ**も、同じ理由で、哲学者——感情《かんじょう》に流されず、理性《りせい》だけにしたがう人間——は、死を恐れないし、死について考える必要はないとした。

スピノザ
（1632年〜1677年）
オランダの哲学者《てつがくしゃ》。
ユダヤ人商人の家に生まれる。伝統《でんとう》からはずれた考え方のため、若《わか》くしてユダヤ教団《きょうだん》を破門《はもん》される。以後、教師《きょうし》とレンズ磨《みが》きで生計を立てた。「人間をふくめ、すべてのものは必然的に決定されている」と説いた。著書《ちょしょ》に『エチカ』がある。

自由な人間は、死について考えない。
知恵《ちえ》とは、死についてではなく、
生について深く考えることだから。

スピノザ

でも、人はそんなにかんたんに死を頭から追いはらうことができるものだろうか。自分がいつか必ず死ぬという恐《きょう》怖《ふ》をのりこえることは、本当にできるのだろうか。

ルネサンス時代のフランスの思想家であり、作家でもあった**モンテーニュ**もまた、できると信じたひとりだ。モンテーニュは「哲学《てつがく》とは死を学ぶこと」と唱え、人はけっして逃《のが》れられない死と折り合いをつけなくてはならないとした。肉体よりも魂《たましい》の永遠《えいえん》に重きをおくことで、死をのりこえようとしたプラトンとちがい、モンテーニュはエピクロス同様、わたしたちが生きているかぎり、死は存在《そんざい》しな

ルネサンス
14～16世紀にかけてイタリアにおこりヨーロッパで広がった、学問や芸術《げいじゅつ》の運動。ギリシャやローマの古典文化を復興《ふっこう》させた。

ミシェル・ド・モンテーニュ
（1533年～1592年）
フランスの思想家、作家、政治家《せいじか》。
著書《ちょしょ》『エセー（随想録《ずいそうろく》）』で自由な考察をくりひろげた。

いから、死への恐怖《きょうふ》とは想像《そうぞう》が生みだしたものにすぎないと言った。

だが、死への考えを完全に追いはらおうとしたスピノザとは反対に、それをずっと心にとどめ、考えておくべきだとした。そうして時間をかけ、野生動物を手なずけるように、死を身近なものにして、恐怖を感じないまでに慣《な》れていく。

モンテーニュは、わたしたちはどうやっても死のことを、生涯《しょうがい》考えてしまうから、ならば「死」にたいして、全くべつの見方をすること、**つまり死がよび起こす恐怖のむこう**

側に、「死」のより好ましい、べつの顔を見つけてみてはどうかとすすめているのだ。

5 死のほんとうの顔

人間は、はるか昔から不死にあこがれてきた。死の中に自分たちの限界《げんかい》や不完全さを感じ、だからこそ死後に、永《えい》遠《えん》の命や生まれかわりをもとめた。そして、しばしば宗教《しゅうきょう》がその答えをあたえてくれた。

いっぽう哲学者《てつがくしゃ》は、わたしたちの中に存在《そんざい》する不死のもの——「深く考えること」——を大切にすることによって、もしくはだれもが死すべき運命だという事実に慣《な》れることによって、死と折り合いをつけるべきだと考えた。

しかし、死はさけられないものだと言ってすませることなど、本当にできるのだろうか。自分の死も、世の中のいろいろな出来事のひとつにすぎないと、冷静に思えるものだろうか。どんなに理性《りせい》にうったえても、どんなに死に慣《な》れようと努力しても、ほかでもない自分自身の死を考えると、それはやはり心底恐《おそ》ろしいものだ。

哲学者《てつがくしゃ》は死を理性でのりこえることを望んだ。しかしもしかしたら、死への恐怖《きょうふ》は、それに反して、理性では、けっしてのりこえられないものではないだろうか。

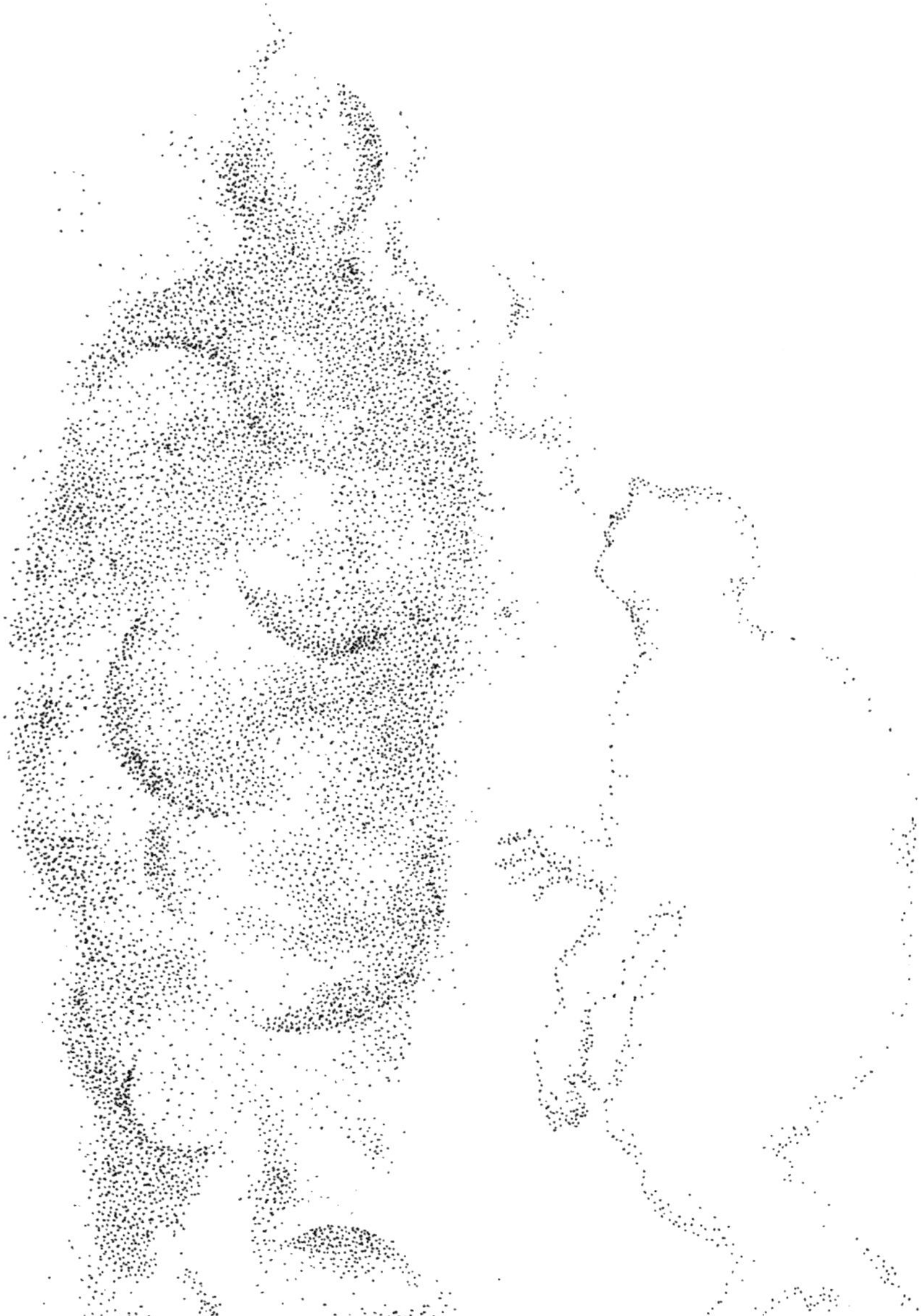

だからこそわたしたちはできるだけ、死について考えないようにする。そして死が、たんに世界に起こるさまざまな出来事のひとつにすぎないと思おうとする。けれども、じつのところ「死」は、わたしたちにとってまさに「世界の終わり」なのだ。

ある年齢《ねんれい》になれば、死は当然だが、ある年齢では早すぎると考えることがある。はたして、それは真実だろうか。その人が何歳《なんさい》であっても、死はいつも早すぎるもの。そこに人間と動物の大きなちがいがある。

人間以外の生き物にとって、寿命《じゅみょう》とは、自然からあたえられたものだ。そのあいだに、子どもを産んで、種《しゅ》を守る。子や卵《たまご》を産むとすぐに死んでしまう生き物たちもいる。まるでそれがこの世に生まれた目的で、それをはたすと同時に命が尽《つ》きるとでもいうように。

しかし人間は、自分が存在《そんざい》する目的をすべてはたしたと、言い切れることはけっしてない。人間は何歳《なんさい》になっても成長できるし、新たな役割《やくわり》をはたすことができるから。それにくらべて、ほかの生き物は自分と同じ種の仲間とまったく同じ一生を送るだけだ。

おさない子どもや若者《わかもの》が年若くして亡《な》くなるのは、あまりにひどく、残酷《ざんこく》なことに思える。なぜならそれは、たくさんの可能性《かのうせい》をもった命が、とつぜんにうばわれることだから。

とはいえ、どんな年代の人にとっても、死が未来のあらゆる可能性を断《た》ち切ることに変わりはない。そのためローマ神話では、死は、命の糸を切る**パルカ**という女神《めがみ》の姿《すがた》で表現《ひょうげん》されている。

死は、どの年代にとっても早すぎるもの。人はいくつになっても、新しいものをつくりだしたり、目標をもったり、やりたいことを見つけることができる。だからこそ死ぬ前

パルカ
すべての人間の運命を支配《しはい》する、ローマ神話の三人の女神《めがみ》。一人目の女神が「運命の糸」をつむぎ、二人目が糸まき棒《ぼう》をまわして糸を割《わ》りあて、三人目が糸を切る。こうして人間の寿命《じゅみょう》が決まる。ギリシャ神話では、モイラとよばれる。

に、思ったことをすべてなしとげることは、けっしてできないのだ。

生まれることと死ぬことは、わたしたちが人生でたったひとつ、いっさいコントロールできないことだ。たしかに死ぬ時期をおくらせたり、早めたりするのは可能《かのう》だ。自殺をしたり、わざとめちゃくちゃな生活をしたりすれば、死を早めることはできるだろう。しかし**わたしたち自身が、自分の好きなように「死ぬ」か「死なない」かをえらぶことはできない。**

たとえば、だれかのかわりに犠牲《ぎせい》になって、そのだれかの死をおくらせることはできても、自分がかわりに死ぬことで、その人を永遠《えいえん》に死なくすることはできない。自分自身にも他人にも、死を「あたえる」ことは不可能《ふかのう》だ。なぜなら人は、ひとりの例外もなく、いつか必ず死ぬ運命にあるのだから。できるのはせいぜい、死をいくらか早めたり、おそくしたりすることくらいだ。

死は絶対《ぜったい》に逃《のが》れられないものだ。しかし、だからといって、それはただ恐《おそ》ろしいだけのものだろうか。

人生が永遠につづくことを想像《そうぞう》してみてほしい。人類はずっと不老不死の薬をさがしてきたが、じっさいそうなっ

たら、たえられるだろうか。永遠《えいえん》に何も変わらず、同じことのくりかえし。やがて飽《あ》きて、いやになってしまうのではないか。わたしたちにとっていちばん大切な出来事は、たった一度しか起こらない事柄《ことがら》ではないだろうか。

ひとりの人間の人生は、ひとつの物語のようなもの。はじまりがあれば、終わりがある。かぎられた短い時間しか生きられないからこそ、人生に意味があるのではないか。

わたしたちは皆《みな》、ずっとこの世に存在《そんざい》していたわけではない。ある日、この世に生まれてきた。だからわたしたちの背後《はいご》には、わたしたちが生きていない、過去《かこ》のとてつもなく長い時間の積み重ねがある。そしてわたしたちの前にも、わたしたちが生きることのできない未来がずっとつづいている。そのふたつの膨大《ぼうだい》な広がりのあいだに、わたしたちの誕生《たんじょう》と死がある。そう、わたしたちの人生があるのだ。

生きるためには生まれなくてはならないように、生きるためには死ななくてはならない。そこに死のもうひとつの顔があるのではないだろうか。恐《おそ》ろしいだけではない、べつの顔が。

これからは死について、べつの考え方をしてみてはどうだろう。**最大限《さいだいげん》に生きるために、いつかやってくる死をうけ入れる。**もしかしたらこれこそが、死への恐怖《きょうふ》をのりこえるたったひとつの方法かもしれない。

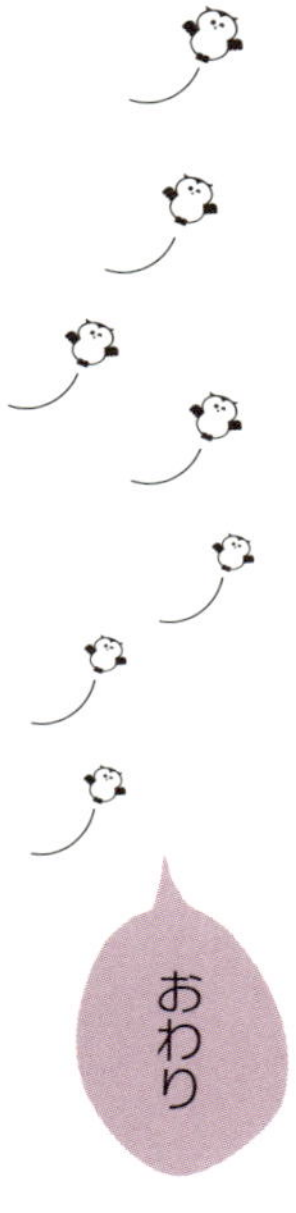

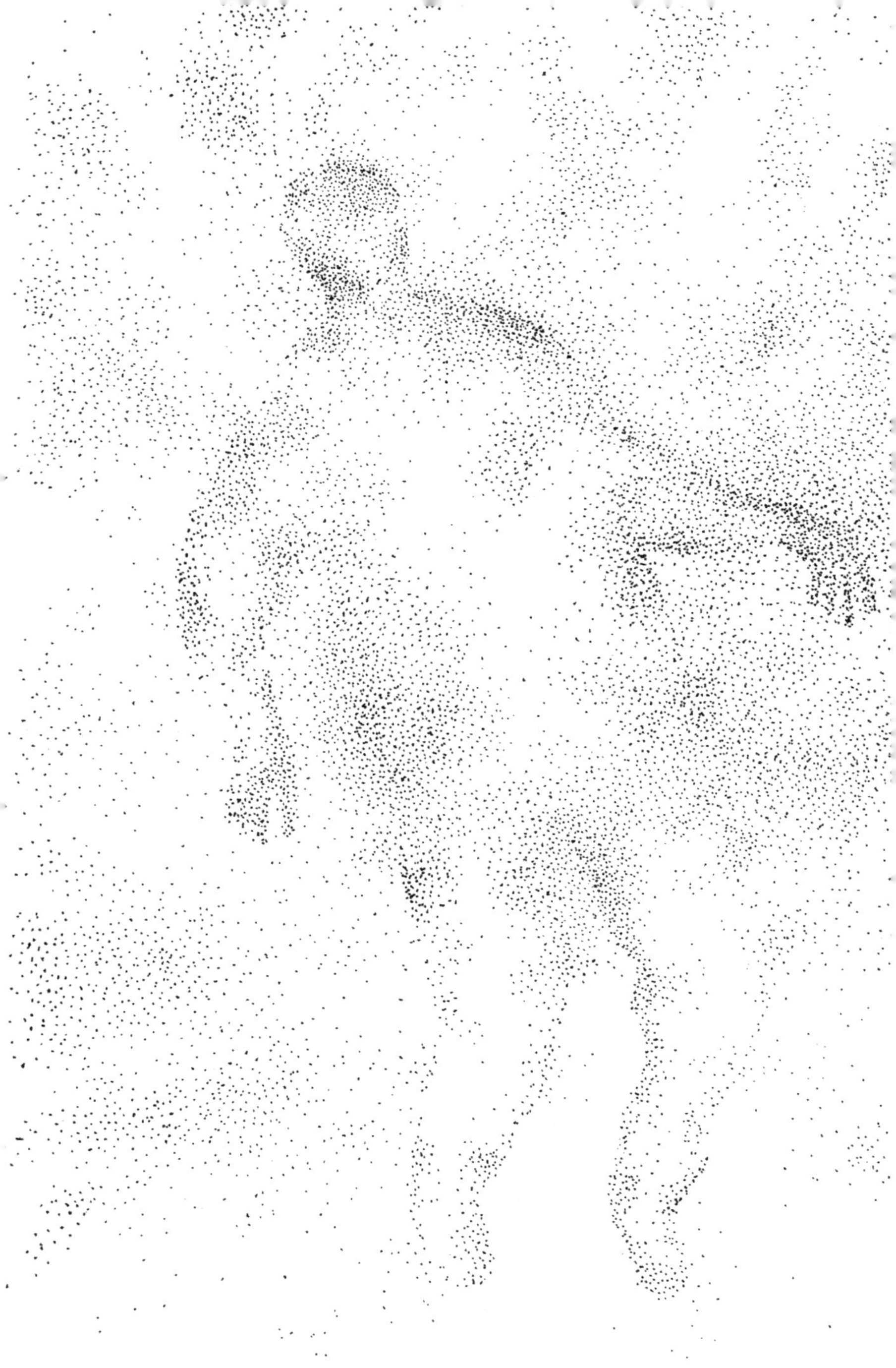

作者

フランソワーズ・ダステュール

哲学者。フランス、ニース大学の名誉教授。専門はドイツ哲学。人間の有限性をしめすものとしての「死」について書いた『死。有限性についての試論（La mort. Essai sur la finitude)』（フランス大学出版局 刊、未邦訳）など著書多数。

画家

アンネ・ヘムステッヘ

フランスのエチエンヌ美術学校版画科、およびストラスブール高等美術学校を卒業。主に出版の分野でイラストレーターとして活躍。

訳者

伏見　操（ふしみ・みさを）

1970年生まれ。英語、フランス語の翻訳をしながら、東京都に暮らす。訳者の仕事はいろいろな本や世界がのぞけるだけでなく、本づくりを通して人と出会えるのが楽しいと思っている。訳書に「トビー・ロルネス」シリーズ、『あかくんとあおくん』（共に岩崎書店）、『うんちっち』（あすなろ書房）、『さあ、はこをあけますよ！』（岩波書店）などがある。

編集協力

杉山直樹（すぎやま・なおき）

学習院大学教授。専門はフランス哲学。海辺とノラ猫を思索の友とする。

10代の哲学さんぽ　7

死ってなんだろう。
死はすべての終わりなの？

2016年6月29日　第1刷発行
2018年2月15日　第2刷発行

作者
フランソワーズ・ダステュール
画家
アンネ・ヘムステッヘ
訳者
伏見　操
発行者
岩崎夏海
発行所
株式会社 岩崎書店
〒112-0005　東京都文京区水道 1-9-2
電話　03-3812-9131(営業)　03-3813-5526(編集)
振替　00170-5-96822
印刷
株式会社 光陽メディア
製本
株式会社 若林製本工場
NDC 100
ISBN978-4-265-07913-1　©2016 Misao Fushimi
Published by IWASAKI Publishing Co.,Ltd. Printed in Japan

ご意見ご感想をお寄せください。　E-mail　hiroba@iwasakishoten.co.jp
岩崎書店ホームページ　http://www.iwasakishoten.co.jp
落丁本・乱丁本はおとりかえいたします。

10代の哲学さんぽ　全10巻

第1巻　天才のら犬、教授《きょうじゅ》といっしょに哲学《てつがく》する。
人間ってなに？

第2巻　自由ってなに？
人間はみんな自由って、ほんとう？

第3巻　なぜ世界には戦争があるんだろう。
どうして人はあらそうの？

第4巻　動物には心があるの？
人間と動物はどうちがうの？

第5巻　怪物《かいぶつ》
——わたしたちのべつの顔？

第6巻　したがう？　したがわない？
どうやって判断《はんだん》するの？

第7巻　死ってなんだろう。
死はすべての終わりなの？

第8巻　人がいじわるをする理由はなに？

第9巻　働くってどんなこと？
人はなぜ仕事をするの？

第10巻　時間ってなに？
流れるのは時？それともわたしたち？